BEI GRIN MACHT SICH IHR WISSEN BEZAHLT

AF150187

- Wir veröffentlichen Ihre Hausarbeit,
  Bachelor- und Masterarbeit

- Ihr eigenes eBook und Buch -
  weltweit in allen wichtigen Shops

- Verdienen Sie an jedem Verkauf

Jetzt bei www.GRIN.com hochladen und kostenlos publizieren

Viktoria Hermes

Das Modell der Salutogenese im Kontext der Kinder- und Jugendhilfe

GRIN Verlag

Bibliografische Information der Deutschen Nationalbibliothek:

Die Deutsche Bibliothek verzeichnet diese Publikation in der Deutschen National-
bibliografie; detaillierte bibliografische Daten sind im Internet über http://dnb.d-
nb.de/ abrufbar.

Dieses Werk sowie alle darin enthaltenen einzelnen Beiträge und Abbildungen
sind urheberrechtlich geschützt. Jede Verwertung, die nicht ausdrücklich vom
Urheberrechtsschutz zugelassen ist, bedarf der vorherigen Zustimmung des Verla-
ges. Das gilt insbesondere für Vervielfältigungen, Bearbeitungen, Übersetzungen,
Mikroverfilmungen, Auswertungen durch Datenbanken und für die Einspeicherung
und Verarbeitung in elektronische Systeme. Alle Rechte, auch die des auszugsweisen
Nachdrucks, der fotomechanischen Wiedergabe (einschließlich Mikrokopie) sowie
der Auswertung durch Datenbanken oder ähnliche Einrichtungen, vorbehalten.

Impressum:

Copyright © 2010 GRIN Verlag GmbH
Druck und Bindung: Books on Demand GmbH, Norderstedt Germany
ISBN: 978-3-656-32960-2

Dieses Buch bei GRIN:

http://www.grin.com/de/e-book/206041/das-modell-der-salutogenese-im-kontext-
der-kinder-und-jugendhilfe

GRIN - Your knowledge has value

Der GRIN Verlag publiziert seit 1998 wissenschaftliche Arbeiten von Studenten, Hochschullehrern und anderen Akademikern als eBook und gedrucktes Buch. Die Verlagswebsite www.grin.com ist die ideale Plattform zur Veröffentlichung von Hausarbeiten, Abschlussarbeiten, wissenschaftlichen Aufsätzen, Dissertationen und Fachbüchern.

Besuchen Sie uns im Internet:

http://www.grin.com/

http://www.facebook.com/grincom

http://www.twitter.com/grin_com

Bergische Universität Wuppertal
Fachbereich: Bildungswissenschaften
Fachgebiet: Pädagogik
SoSe 2010

Das Modell der Salutogenese im Kontext der Kinder- und Jugendhilfe

Gliederung

1. Einleitung

Das Thema der Gesundheit gehört zu denjenigen Themen, die für jeden von uns von großer Bedeutung sind. Dennoch kann sich die Einstellung zu diesem Thema je nach Gesellschaftsgruppe wesentlich unterscheiden. Die vorliegende Arbeit ermöglicht bspw. einen Einblick in die Welt benachteiligter Heranwachsenden und u.a deren mangelnde Gesundheitsförderung. Der Einstieg in die Thematik wird über die Darstellung des salutogenetischen Modells von Aaron Antonovsky erfolgen.

Das Konzept der Salutogenese ist ein ein vorbildliches Beispiel für den bahnbrechenden Perspektivenwechsel. Die bislang zu starke Konzentration auf die Defizite, die im Gesundheitsbereich mit der Bezeichnung *Pathogenese* zu verbinden gilt, scheint nun einen ernst zu nehmenden Konkurrenten in der *Salutogenese* gefunden zu haben, die in erster Linie das Gesundheitspotential betont. Der Vater des Gedanken ist Aaron Antonovsky. Den Schwerpunkt nachfolgender Ausführung bildet die Frage nach den Wirkungen des salutogenetischen Modells von Antonovsky auf die Praxis. Dieser Aspekt stellt nur einen Teil des am 07.05.2010 gehaltenen Vortrags mit dem Titel *Das salutogenetische Modell nach Antonovsky: Grenzen und Wirkungen* dar. Aus diesem Grund wird der hier behandelte Teilaspekt zunächst in das Gesamtreferat eingeordnet. Dadurch sollte es dem Leser leichter fallen, die Gesamtstruktur des Vortrags ggf. zu rekonstruieren. Darauffolgend werden die durch das Modell ausgelösten allgemeinen Veränderungen im Praxisfeld der Jugendarbeit präsentiert. Im Anschluss an dieses Kapitel wird es dann um eine der praktischen Anwendungsmöglichkeiten gehen, nämlich um die Implikation des Modells in den Unterricht. Anschließend wird aus dem Dargestellten ein Fazit gezogen sowie ein Ausblick geliefert.

2. Einordnung des behandelten Teilaspekts in das Gesamtreferat

Bevor die SeminarteilnehmerInnen mit der Frage nach den Wirkungen des Gesundheitsmodells von Antonovsky auf die Praxis konfrontiert wurden, wurden sie zuerst von einer Referentin mit dem Modell als solchem und von einer anderen Vortragenden mit dem Bereich der Jugendhilfe vertraut gemacht. Es liegt auf der Hand, dass dieses Wissen für die Auseinandersetzung mit dem Einfluss des Modells auf die Praxis grundlegend ist, denn da die Aspekte *Salutogenese* sowie *Jugendhilfe* zusammengeführt werden (vgl. 1. Schaubild).

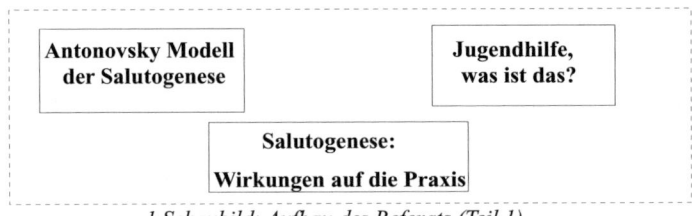

1.Schaubild: Aufbau des Referats (Teil 1)

Nun galt es zu erkennen, inwiefern die beiden Konzepte zusammenhängen. Dementsprechend erfolgte die Darstellung dieses Zusammenhangs im ersten Schritt. Die daran anschließenden konkreten Beispiele sollten der Vertiefung bzw. der Veranschaulichung erkannter Zusammenhänge dienen. Wozu hat die Übernahme salutogenetischer Perspektive von den in die Jugendarbeit Involvierten geführt? Dieser Frage wird im folgenden Abschnitt nachgegangen.

3. Salutogenese: Wirkung des Modells auf die Praxis

Die Vielfalt der Praxiseinrichtungen im Jugendhilfebereich bringt folgende Problematik mit sich. Wie kann man sinnvolleAnknüpfungspunkten für das salutogenetische Modell finden? Besucht man etwa jede einzelne Einrichtung und erkundigt sich vor Ort, inwiefern die salutogenetischen Ansichten in den Praxisalltag integriert worden sind? Eine solche Vorgehensweise wäre im Hinblick auf viele Faktoren viel zu aufwendig. Um sich einen Überblick über die hier uns interessierende Thematik möglichst schnell zu verschaffen, bietet sich der im Jahre 2009 vom Bundesministerium für Familie, Senioren, Frauen und Jugend herausgegebene *13. Kinder- und Jugendbericht* (nachfolgend KJB) an. Diesem Dokument werden die im Folgenden dargestellten Gesichtspunkte entnommen.

3.1 Allgemeine Veränderungen im Praxisfeld der Jugendarbeit

Der 13. Bericht über die Lebenssituation junger Menschen und die Leistungen der Kinder- und Jugendhilfe in Deutschland ist einer der zentralen Veränderungen im Handlungsfeld der Jugendarbeit gewidmet. Die Neuerung, die eng mit den Kernpunkten des salutogenetischen Modells verbunden ist, spiegelt sich beispielsweise bereits im Titel des Berichts über die am 22/23 Juli 2009 stattgefundene AGJ-Tagung zum 13. Kinder- und Jugendbericht wider. Dieser lautet nämlich: „Gesundheitsbezogene Prävention und Gesundheitsförderung in der Kinder- und Jugendhilfe".[1] Noch deutlicher wird die Rolle der Salutogenese für die Jugendarbeit, wenn man sich die Stellungnahme der Bundesregierung durchliest, die dem ausführlichen Inhalt des 13. KJB vorangestellt ist. Dabei scheint die zentrale Veränderung am deutlichsten an folgender Stelle zum Ausdruck gebracht zu sein:

„Zu Recht betont der Kinder- und Jugendbericht [...], dass [...] die bisher weitgehend auf den Erwerb von sozialem Lernen, auf die Vermittlung von kulturellen und personalen Kompetenzen sowie auf die Befähigung zu praktischem Handeln ausgerichtete pädagogische außerschulische Praxis in einem ganzheitlichen Sinne weiterzuentwickeln ist: Stärker als bisher müssen Körper bzw. Leiblichkeit sowie Gesundheit und Wohlbefinden Inhalte fachlicher Praxis der Kinder- und Jugendhilfe werden." (13. Kinder- und Jugendbericht, 2009, S. 17)

Um die Essenz des eingeführten Zitats hervorzuheben, sei hier angemerkt, dass mit dem 13. KJB zum ersten Mal die Themen **Gesundheitsförderung** sowie **gesundheitsbezogene Prävention** überhaupt zum Gegenstand eines KJB gemacht worden sind. Die oben fett unterlegten Begriffe werden im Rahmen des 13. KJB in Anlehnung an das salutogenetische Modell Antonovskys folgendermaßen definiert: Die **Gesundheitsförderung** richtet sich auf die Lebensbedingungen und ein Setting, in dem Gesundheit und Kohärenz sich entwickeln. Gesundheit wird dabei als ein integraler Bestandteil souveräner alltäglicher Lebensführung betrachtet und was diese unterstützt, wird als gesundheitsförderlich angesehen (vgl. 13.KJB). D.h als Vertreter der Jugendarbeit habe man sich nun darum zu bemühen, die benachteiligten Personen mit entsprechenden Strategien auszustatten.

Wenn hingegen von der **gesundheitsbezogenen Prävention** die Rede ist, so ist damit die Bemühung um eine nachhaltige Reduktion von Belastungen gemeint (vgl. 13. KJB). Somit versucht man die denkbaren Risiken im Vorfeld, also präventiv, zu beseitigen. Der Eindruck, dass zwischen den beiden Begriffen eine trennscharfe Grenze vorliegt, ist jedoch aus der Sicht der Kinder- und Jugendberichtverfasser täuschend.

Unabhängig von solchen Begriffsverhältnissen scheint sich aber folgende Erkenntnis im 13. KJB etabliert zu haben. Man hat nun erkannt, dass so wie soziales, psychisches und physisches Wohlbefinden von Kindern und Jugendlichen eng miteinander zusammenhängen, so ist auch zur Unterstützung dieses Wohlbefindens ein entsprechender Zusammenhalt mehrerer gesellschaftlicher Teilsysteme vonnöten. Welche Teilsysteme werden aber gegenwärtig dank des 13. KJB näher zusammenrücken müssen?

---

1 Quelle: http://www.agj.de/pdf/3-1/Tagungsbericht_13_KJB.pdf

Die im Vorausgegangenen aufgezählten Dimensionen des kindlichen bzw. jugendlichen Wohlbefindens scheinen Kinder- und Jugendhilfe, Gesundheitssystem sowie die Behindertenhilfe zu betreffen. Doch die erkannte Notwendigkeit der Zusammenarbeit bleibt zunächst ein Gewinn theoretischer Natur, der in der Praxis auf einige Probleme stößt. So unterstreicht Keupp im Rahmen der oben erwähnter AGJ-Tagung, dass hierbei fremde Systeme mit jeweils eigenem Denkstil, eigener Handlungslogik sowie unterschiedlichen institutionellen Mustern aufeinandertreffen. Nicht außer Acht wäre auch der finanzielle Aspekt zu lassen. Da auch die Kostenträger der jeweiligen Organisationen sich weitgehend unterscheiden, erschwert sich die Zusammenarbeit.

Doch selbst wenn die genannten Hindernisse nicht von heute auf morgen zu überwinden sind, geben sich die Berichtsverfasser mit der expliziten Betonung der Notwendigkeit von der Zusammenarbeit verschiedener Teilsysteme nicht zufrieden. Es wird nach den für die beteiligten Teilsysteme anschlussfähigen Konzepten gesucht. In diesem Kontext weist Keupp beispielsweise darauf hin, dass dafür vor allem jene Konzepte geeignet sind, „in deren Mittelpunkt die Stärkung von Ressourcen Heranwachsender steht, die Kinder, Jugendliche und junge Erwachsene sowohl in der Auseinandersetzung mit den Risiken und Belastungen in ihrer jeweiligen Lebenswelt als auch für die produktive Gestaltung ihrer eigenen Lebensprojekte benötigen." (Keupp 2010: 2). Zerlegt man sein Zitat in einzelne Teile und versucht dabei in jedem dieser Teile Schlüsselbegriffe zu identifizieren, so ergibt sich u.a. folgende Begriffskette: „Ressourcen" → „Auseinandersetzung mit den Risiken und Belastungen" → „eigene Lebensprojekte". Von diesen Schlüsselwörtern ausgehend, lässt sich ein Bezug zum salutogenetischen Modell von Antonovsky herstellen. Diesen Bezug hebt auch Keupp im weiteren Verlauf seiner Arbeit hervor und charakterisiert die salutogenetische Perspektive als zentrale Grundorientierung für die Entwicklung von Strategien und Maßnahmen zur Gesundheitsentwicklung im Rahmen des 13. KJB (vgl. Keupp 2010). Einen vergleichbaren Standpunkt vertreten Bengel und seine Kollegen. Sie haben in einer Studie für die Bundeszentrale für gesundheitliche Aufklärung ebenfalls den Zusammenhang zwischen Salutogenese und Gesundheitsförderung untersucht und kamen zum Ergebnis, dass Salutogenese den „häufig theoriearm und aktivistisch aneinandergereihten, präventiven Aktivitäten […] eine Rahmentheorie [gebe], die ressourcenorientierte, kompetenzsteigernde und unspezifische Präventionsmaßnahmen stützt".[2]

---

2 Quelle: http://eundc.de/pdf/68000.pdf (S. 46)

Soweit dürfte die Grundlage für den 13. KJB offensichtlich sein. Es bleibt aber des Weiteren zu fragen, welchen Beitrag die Kinder- und Jugendhilfe nun konkret im Bereich der Gesundheitsförderung leisten kann? Der Vorsitzende der Kommission des 13. KJB Keupp, auf dessen Arbeit im Laufe dieser Ausführung bereits mehrmals zurückgegriffen wurde, liefert auch zu dieser Fragestellung einige Antworten. Ihm zufolge besteht der Auftrag der Kinder- und Jugendhilfe erstens darin, die Hilfebedürftigen vor allem pädagogisch zu unterstützen. Zweitens sollten die von den benachteiligten Heranwachsenden eigenständig entwickelten (erfolgreichen) Bewältigungsstrategien ausreichend analysiert und somit die salutogenetische Perspektive übernommen werden.

Im Rahmen des 13. KJB hat man sich zudem mit der Sicht von Antonovsky auf den hier interessierenden Themenkomplex beschäftigt und dabei fünf verschiedene Zugänge in Bezug auf die Hilfen herauskristallisieren können, die das salutogenetsiche Modell nahelegt. Diese fünf Zugänge sind nachfolgend tabellarisch zusammengefasst:

Zugang	Hauptmerkmale
1. *kurative Perspektive*	die Behandlung von Krankheiten ist zentral
2. *protektive Praxis*	Reduzierung von Risiken
→ beide Hilfsformen zielen darauf, Stress zu verhindern (sind nicht ausreichend)	
3. *Gesundheitserziehung*	Wissensvermittlung über einen gesunden Lebensstil
4. *Gesundheitsförderung*	Lebensbedingungen für die gesunde Entwicklung der Heranwachsenden schaffen
5. *Gesundheitswahrnehmung und Lebensqualität*	das jeweilige Subjekt beteiligt sich aktiv an der Gestaltung seines Lebens, indem er auf die (von entsprechenden Institutionen) zur Verfügung gestellten Bedingungen zurückgreift

1. Tabelle: Fünf Zugänge von Antonovsky in Bezug auf die Hilfen
(erstellt in Anlehnung an den 13. KJB, S. 70)

Unter dem Rückgriff auf Keupps Aufsatz ist bezüglich der Funktionen der Kinder- und Jugendhilfe vor dem Hintergrund der Salutogenese zu ergänzen, dass diese Institutionen die Widerstandsressourcen der Heranwachsenden zu stärken haben. Zu solchen Widerstandsressourcen zählt Keupp die kritisch-reflexive Haltung zu normativen

Menschenbildvorgaben einerseits sowie die Stärkung der Selbstsorge und Selbstachtsamkeit andererseits. Die erstere Maßnahme wird vom Professor damit begründet, dass die gesellschaftlichen Normen schädlich sein können und daher nicht zwangsläufig erstrebenswert sind. Um diesem Gedanken von Keupp etwas Plastizität zu verleihen, sei hier ein Beispiel gegeben: Betrachtet man die den Bildungsstand betreffenden Ansprüche, so kann mit einer relativ hohen Wahrscheinlichkeit davon ausgegangen werden, dass die allgemeine Hochschulreife die erstrebenswerte Bildungsnorm ist. Scheitert aber ein Kind daran, so könnte es zu Frustration, Depression oder im schlimmsten Falle sogar zu Suizidgedanken führen, weil das Kind sich als Versager empfindet und sich über das Fehlen möglicher Ressourcen, die eigentlich für sein Scheitern verantwortlich sind, nicht bewusst ist. Klärt man aber das Kind auf und zeigt ihm alternative Wege, so hat man als Hilfeorganisation einen bedeutsamen Beitrag zum Glück eines seiner Bürger beigetragen. Die von Keupp an zweiter Stelle genannte Erziehung zur Selbstsorge und Selbstachtsamkeit zielt ebenso darauf, das Kind widerstandsfähiger zu machen, indem sein Verantwortungsbewusstsein gestärkt wird.

Aus dem bisher Gesagten dürfte die zentrale Veränderung in der Kinder- und Jugendarbeit deutlich geworden sein. Auf den Punkt gebracht äußert sich diese darin, dass dank dem 13. KJB unter guter Kinder- und Jugendpraxis nun auch immer Gesundheitsförderung verstanden wird (vgl. 13. KJB). Wie sich das neue Konzept beispielsweise in der Schule einsetzen lässt, wird der Gegenstand nachfolgenden Kapitels sein.

3.2 Implikationen des Modells für den Unterricht

Aus dem Titel dieses Kapitels geht bereits hervor, dass an dieser Stelle die Möglichkeit ergriffen wird, die veränderte Perspektive der Kinder- und Jugendhilfe auf ihre Nützlichkeit für die Praxis zu überprüfen. Von den Bereichen, die von Antonovskys Erkenntnissen profitieren könnten, wird im Folgenden der Bereich der Sonderpädagogik (Schulkontext) im Mittelpunkt stehen. Diese Thematik wird anhand von Überlegungen von Theis-Scholz beleuchtet. Der zugrunde liegende Aufsatz ist die im Jahre 2007 in der „Zeitschrift für Heilpädagogik" erschienene Arbeit *Das Konzept der Resilienz und der Salutogenese und seine Implikationen für den Unterricht.* Zur Orientierung sollte an dieser Stelle gesagt werden, dass unter Resilienz die Widerstandsfähigkeit zu verstehen ist. .

Zunächst sei die Aufmerksamkeit des Lesers auf die Ausgangsfrage der Arbeit von Theis-Scholz gelenkt. Diese lautet: „Wie lassen sich erschwerte Problemlagen für Kinder und Jugendliche in ihrer schulischen Verursachung vermeiden oder zumindest durch gezielte Intensivierung schulischer Unterstützung abmildern?" (Teheis-Scholz 2007: 265). Da Theis-Scholz als Lehrbeauftragte am Institut für Pädagogik – Schulpädagogik / Allgemeine Didaktik an der Universität Koblenz · Landau tätig ist, lernen wir die Vorschläge für die Praxis aus der Forscherperspektive, aber keine in der Praxis erprobten, der Salutogenese entsprechenden Vorgehensweisen kennen. Nichtsdestotrotz ist die Arbeit von Theis-Scholz insofern für den Themenkomplex *Salutogenese – Kinder- und Jugendhilfe* lesenswert, da die von ihr thematisierte Sonderpädagogik ein zu beachtendes Glied in dem genannten Themenkomplex ist. Im Laufe dieses Kapitels wird diese Anmerkung deutlicher herausgestellt.

Zurück zum Anliegen von Theis-Scholz. Die Lehrbeauftragte für Schulpädagogik hat Kinder mit sonderpädagogischem Förderbedarf und problematischen Lernausgangslagen als Zielgruppe im Auge. Ihre Auseinandersetzung mit dem Modell von Antonovsky mündet im Hinblick auf die besagte Zielgruppe in folgende Hypothese:

„Die Einbeziehung Resilienz stärkender Faktoren in die Unterrichtsgestaltung [...] könnte maßgeblich zur Unterrichtsverbesserung und damit einer Risikominderung für Schüler mit erschwerten Problemlagen beitragen [...]." (Theis-Scholz, 2007, S. 265)

Paraphrasiert bedeutet dies, dass sich die Forscherin von der Resilienzforschung und dem salutogenetischen Ansatz eine Unterrichtsverbesserung für die SchülerInnen mit dem Förderbedarf erhofft. Um ihre Hypothese plausibel zu machen, führt die Professorin entsprechende Argumente ein. Sie argumentiert, dass die Konzepte Resilienz und Salutogenese Ressourcenorientierung vor die Defizitorientierung in der Sonderpädagogik stellen und auf diese Weise der Ausgrenzung der FörderschülerInnen entgegenwirken. Ihrem zweiten Argument liegt die stärkere Betonung primärer Prävention in der Salutogenese zugrunde. Aus dieser Besonderheit salutogenetischen Modells folgert die Forscherin, dass Lehrer eine wichtige Quelle sozialer Unterstützung sein können. Dieser Gedanke von Theis-Scholz scheint gut nachvollziehbar zu sein, vor allem wenn man bedenkt, dass LehrerInnen relativ viel Zeit mit den Kindern verbringen und daher durchaus in bedeutendem Maße präventiv handeln können.

Sobald aber Förderschulen vom Nutzen der Konzepte der Resilienz und der Salutogenese überzeugt werden – was u.a. mit den im Vorangegangenen wiedergegebenen Argumenten von

Theis-Scholz der Fall sein dürfte – stellt sich die Frage, wie diese Konzepte auf den schulischen Bereich konkret zu übertragen sind. Diesbezüglich macht die Forscherin genaue Vorschläge. Die im Rahmen der Salutogenese hochgeschätzte Stärkung und Förderung von Ressourcen können Theis-Scholz zufolge u.a. mit Hilfe folgender Strategien erreicht werden:

→ *Förderung positiver Peer-Kontakte*
→ *Möglichkeiten zur Verantwortungsübernahme durch Schüler*
→ *Sensibilisierung der Lehrkräfte für die Qualität interpersoneller Prozesse*
→ *enge Zusammenarbeit mit den Eltern, unterstützt durch Schulsozialarbeit*
→ *Kooperation mit außerschulischen Einrichtungen*

Insbesondere in den zwei letztgenannten Punkten wird die bereits aus dem Kapitel *Allgemeine Veränderungen im Praxisfelde der Jugendarbeit* hervorgegangene grundlegende Neuerung wieder aufgenommen, die, wie gesagt, darin besteht, dass mehrere Teilsysteme nun auf die Zusammenarbeit angewiesen sind, solange sie sich das Wohl des Kindes zum Ziel setzen. Eine solche Netzwerkbildung mit dem Glied *Schule* könnte demnach folgendermaßen aussehen:

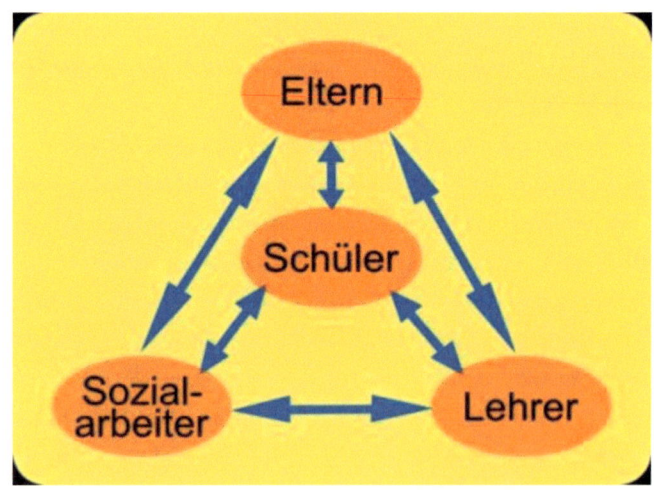

2. Schaubild: Vernetzung der Teilsysteme mit dem Schwerpunkt Schule[3]

---

3   Quelle: http://www.karl-salzmann-volksschule.de/images/sozialarbeit1.jpg

Von der Übertragung grundlegender Merkmale der Resilienzforschung sowie der Salutogenese auf den Bereich Schule kommt Theis-Scholz auf die Übertragung einzelner salutogenetischer Prinzipien zu sprechen. Die Begriffe, die von der Aufsatzverfasserin benutzt werden, unterscheiden sich geringfügig von denjenigen, die im ersten Teil unseren Gesamtreferats angeklungen sind. Aus diesem Grund sollten an dieser Stelle die vorhandenen Unterschiede vor Augen geführt werden. Der Überschaubarkeit wegen sind diese nachfolgend tabellarisch zusammengefasst.

Begrifflichkeit im 1. Teil des Gesamtreferats	Äquivalente bei Theis-Scholz
Verstehbarkeit	Verstehbarkeit
Sinnhaftigkeit	Bedeutsamkeit
Handhabbarkeit	Machbarkeit und Handhabbarkeit

2. Tabelle: Gegenüberstellung von Begriffen (Die Definitionen von den Begriffen in der linken Spalte sind der Ausarbeitung von Esther Pony zu entnehmen.)

Wie werden diese drei Prinzipien aus der schulpädagogischen Perspektive von Theis-Scholz interpretiert? Das Prinzip der <u>Verstehbarkeit</u> hat laut Forscherin im Schulkontext zu bedeuten, dass Herausforderungen im Unterricht von den Schülern als vorhersehbar und durchschaubar erlebt werden. Die <u>Bedeutsamkeit</u> bzw. die <u>Sinnhaftigkeit</u> besteht der Professorin zufolge darin, dass Probleme im Unterricht und in Lernprozessen als schwierige, aber zu bewältigende Herausforderungen angesehen werden, denen aus eigener Kraft oder unter Einbeziehung geeigneter Ressourcen begegnet werden kann. Das Prinzip der <u>Machbarkeit und Handhabbarkeit</u> sollte aus der Sicht der Lehrbeauftragten den Schülern nahegelegt werden, indem im Unterricht die Zuversicht und das Vertrauen vermittelt werden, dass Ereignisse bzw. Probleme und Aufgabenstellungen nicht als unüberwindlich gelten und handhabbar sind.

Insgesamt sieht Theis-Scholz bei der Übernahme salutogenetischer Perspektive in die sonderpädagogischen Bildungseinrichtungen insbesondere zwei Bereiche betroffen. Zu diesen gehören die pädagogische Aufgabe der Lehrer einerseits sowie die Unterrichtsgestaltung andererseits. Für den ersten Bereich bedeutet die Orientierung an der Resilienzforschung und der Salutogenese, dass man als Lehrer nicht mehr dazu da ist, bestimmte Defizite bei seinen Schülern zu identifizieren, sondern zur Diagnose und Förderung von Ressourcen der Schüler eingesetzt wird. Für die Unterrichtsgestaltung fordert Theis-Scholz dementsprechend die kompetenz- und ressourcenorientierten Ansätze, die sie als Basis für die Gestaltung von Risiko mindernden Lernprozessen auffasst.

4. Fazit und Ausblick

Die hier ausgearbeiteten Aspekte aus dem Gesamtvortrag vom 07.05.2010 waren im mittleren Teil des Referats angesiedelt und beinhalten daher vertiefende Informationen zum übergeordneten Thema „Das salutogenetische Modell nach Antonovsky: Wirkungen und Grenzen". Es wurde der Versuch unternommen, dem Leser den Einfluss des salutogenetischen Ansatzes auf die Jugendhilfe zu verdeutlichen. In diesem Zusammenhang dürfte vor allem der Paradigmenwechsel von der Defizitorientierung hin zur Ressourcenorientierung deutlich geworden sein. Etwas, was lange Zeit unvorstellbar war, und zwar die Zusammenarbeit verschiedener Teilsysteme, wird nun endlich gewagt. Auch wenn sich die in den gegenwärtigen Veränderungsprozess involvierten Institutionen in vielen Aspekten unterscheiden, verfügen sie jetzt über eine gemeinsame Rahmentheorie namens Salutogenese. Diesbezüglich wurde im Laufe vorliegender Ausarbeitung vor allem gezeigt, dass auf bestimmte Probleme chancenarmer Kinder und Jugendlichen nun effektiver eingegangen werden kann, da es denkbar geworden ist, nicht ausschließlich <u>für</u> die betroffenen Personen, sondern auch <u>mit</u> ihnen bestimmte Entscheidungen zu treffen.

Darüber hinaus zielte der hier ausgearbeitete Teil des Referats darauf ab, einige praktische Anwendungsmöglichkeiten theoretischer Erkenntnisse aus dem 13. KJB zu skizzieren. In diesem Kontext scheint insbesondere die Arbeit von Theis-Scholz hilfreiche Anknüpfungspunkte für die mit den sonderpädagogischen Schulen vergleichbaren Einrichtungen zu liefern. Zu solchen Einrichtungen gehören beispielsweise die heilpädagogischen Organisationen. Da sich die neue Perspektive helfender Institutionen auch auf die Behindertenhilfe erstreckt, erschien es sinnvoll, im Anschluss an den hier dargestellten Teil des Referats die Wirkungen des Konzepts der Salutogenese auf die Heilpädagogik zu schildern. Der abschließende Teil des Referats hatte die Grenzen des Modells zum Gegenstand. Dem folgenden Schaubild kann der geschilderte Weiterverlauf des Referats entnommen werden.

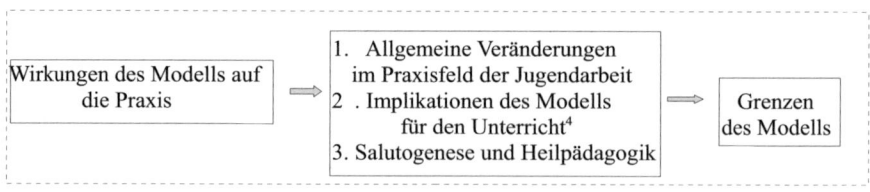

3.Schaubild: Aufbau des Referats (Teil 2)

---

4 Diese zwei Unterpunkte werden in der vorliegenden Ausarbeitung behandelt

Literatur

Bundesministerium für Familie, Senioren, Frauen und Jugend (2009): *13. Kinder- und Jugendbericht. Bericht über die Lebenssituation junger Menschen und die Leistungen der Kinder- und Jugendhilfe in Deutschland.*, 2. Auflage, Berlin: Vogt GmbH

Theis-Scholz, M. (2007): Das Konzept der Resilienz und der Salutogenese und seine Implikationen für den Unterricht. In: *Zeitschrift für Heilpädagogik*, 7, S. 265 – 273

Internetquellen:
E&C – Fachforum. *Vernetzung – Macht – Gesundheit: Kooperation zwischen Jugendhilfe und Gesundheitswesen in sozialen Brennpunkten.* Dokumentation der Veranstaltung vom 30. Juni bis 1. Juli 2003 in Berlin. URL: http://eundc.de/pdf/68000.pdf (Letzter Aufruf 20.06.2010)

Prof. Dr. Keupp, H. (2010): *Basisphilosophie des 13. Kinder- und Jugendberichts.* URL: http://www.schleswig-holstein.de/MASG/DE/KinderJugendFamilie/Keupen.html (Letzter Aufruf 20.06.2010)

Grümer, T. (2009): *Gesundheitsbezogene Prävention und Gesundheitsförderung in der Kinder- und Jugendhilfe. AGJ-Tagung zum 13. Kinder- und Jugendbericht.* URL: http://www.agj.de/pdf/3-1/Tagungsbericht_13_KJB.pdf (Letzter Aufruf 20.06.2010)